따뜻한 손글씨로 전하는 말씀 캘리그라피 365

글 · 그림 붓양 양윤선

KB205282

규장

매일매일 ♥
사랑합니다.

31

DECEMBER

BIBLE

service

fellowship

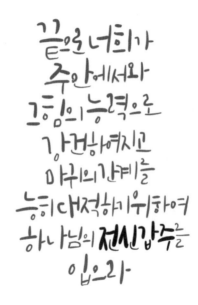

끝으로 너희가
주 안에서와
그 힘의 능력으로
강건하여지고
마귀의 간계를
능히 대적하기 위하여
하나님의 **전신갑주**를
입으라

PRAISE

love

PRAYER

에베소서 6장 10,11절
빛소금

따뜻한 손글씨로전하는 붓양

신앙생활을 하며 하나님의 말씀을 보고 듣고 묵상하며 기도하는 삶보다 하나님께 받은 재능으로 교회를 섬기는 일에 좀 더 많은 시간을 보냈습니다. 가정에 힘든 일을 겪으며 그 무렵 배운 캘리그라피를 통해 매일한 절의 말씀이라도 보고 써야겠다고 생각했습니다. 결국 매일 말씀 한 절을 읽고, 쓰고, 보는 작은 노력이하나님과의 좀 더 깊은 교제로 이어졌고, 삶의 어려움을 이겨낼 힘을 얻게 되었습니다. 내가 살아내기 위해 썼던 말씀 캘리그라피, 하나님은 큰 것이 아닌 내 작은 노력 하나를 기쁘게 받으시고 사랑한다고 말씀해 주십니다. _붓양 양윤선

하나님이
우리를 사랑하시는
사랑을 우리가 알고
믿었노니
하나님은 사랑이시라
사랑 안에 거하는 자는
하나님 안에 거하고
하나님도 그의 안에
거하시느니라 —

요한일서 4장 16절

1월

그가 내게 대답하여 이르되
여호와께서 스룹바벨에게 하신 말씀이
이러하니라 만군의 여호와께서
말씀하시되 이는 힘으로 되지 아니하며
능력으로 되지 아니하고 오직 나의 영으로 되느니라

스가랴 4장 1절

주께서 내 원수의 목전에서
내게 상을 차려주시고
기름을 내 머리에 부으셨으니
내 잔이 넘치나이다—

시편 23편 5절
br a o + o

하늘에서는
주외에누가내게
있으리요
땅에서는주밖에
내가사모할이
없나이다.

시편73편25절

나는 알파와
오메가요
처음과 마지막이요
시작과 마침이라—

요한계시록 22장 13절

우리에게 있는
대제사장은
우리의 연약함을
동정하지 못하실 이가 아니요
모든 일에 우리와
똑같이 시험을 받으신
이로되 죄는 없으시니라

히브리서 4장 15절
bTS.t.

여호와는 나의 사랑이시요
나의 요새이시요 나의 산성이시요
나를 건지시는 이시요 나의 방패이시니
내가 그에게 피하였고
그가 내 백성을 내게 복종하게 하셨나이다

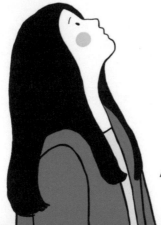

시편 144편 2절
BTS 아.ㅎ

거짓 행위를 내게서 떠나게 하시고
주의 법을 내게 은혜로이 베푸소서

Be gracious to me through your law

시편 119편 29절
ㅂㄱㅅ · ╈ ·

겸손한 자는 먹고 배부를 것이며
여호와를 찾는 자는 그를 찬송할 것이라
너희 마음은 영원히 살지어다

시편 22편 26절

지극히 높은 곳에서는
하나님께 영광이요
땅에서는 하나님이 기뻐하신 사람들중에
평화로다 하리라—

누가복음 2장 14절
BTS아

내가 주를 기뻐하고
즐거워하며
지존하신 주의 이름을
찬송하리니

시편9편2절
비다사야

24

DECEMBER

Immanuel
Merry Christmas

보라 네가 잉태하여
아들을 낳으리니
그 이름을 예수라 하리.

누가복음1장31절
ㅂㄷㅅㅇㅎ

사람아 주께서 선한것이
무엇임을 네게 보이셨나니
여호와께서 네게 구하시는것은
오직 정의를 행하며 인자를 사랑하며
겸손히 네 하나님과 함께
행하는것이 아니냐

미가6장8절
ㅂㅜㅅㅏㅇ

내가 주께 감사제을 드리고
여호와의 이름을 부르리이다.

시편116편17절

또한 우리를 위하여 기도하되
하나님이 전도할 문을 우리에게 열어주사
그리스도의 비밀을 말하게 하시기를 구하라·
내가 이 일 때문에 매임을 당하였노라·

골로새서 4장 3절

감사함으로 그의 문에 들어가며
찬송함으로 그의 궁정에 들어가서
그에게 감사하며 그의 이름을 송축할지어다

시편100편4절

8

JANUARY

사람의마음에는
많은계획이있어도
오직여호와의
뜻만이완전히
서리라—

잠언19장21절
ᄇᄉᄋᆢ

예수께서 또 말씀하여 이르시되
나는 세상의 빛이니
나를 따르는 자는 어둠에 다니지 아니하고
생명의 빛을 얻으리라.

요한복음 8장 12절
박수아.

그리스도를 위하여
너희에게 은혜를 주신 것은
다만 그를 믿을 뿐 아니라
또한 그를 위하여
고난도 받게 하려 하심이라.

빌립보서 1장 29절
ㅂ ㅈ ㅅ ㅈ

너희가 짐을 서로 지라
그리하여
그리스도의 법을 성취하라

갈라디아서 6장 2절

나의 사랑하는 자가 내게 말하여 이르기를
나의 사랑 내 어여쁜 자야 일어나서 함께 가자.

아가 2장 10절

나는 여호와로
말미암아 즐거워하며
나의 구원의 하나님으로
말미암아 기뻐하리로다—

하박국 3장 18절
BTS아침

새벽아직도밝기전에
예수께서일어나나가
한적한곳으로가사
거기서 기도하시더니

마가복음1장35절

18

DECEMBER

사무엘이 이르되 여호와께서 번제와 다른 제사를 그의 목소리를 청종하는 것을 좋아하심같이 좋아하시겠나이까 순종이 제사보다 낫고 듣는 것이 숫양의 기름보다 나으니

사무엘상15장22절
BTS 유.이

나의 책망을 듣고 돌이키리.
보라 내가 나의 영을 너희에게 부어주며
내 말을 너희에게 보이리라.

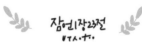

잠언 1장 23절

주의 인자하심으로
주께서 구속하신 백성을 인도하시되
주의 힘으로 그들을
주의 거룩한 처소에 들어가게 하시나이다.

출애굽기 15장 13절

13

JANUARY

나더러 주여 주여 하는 자마다
다 천국에 들어갈 것이 아니요
다만 하늘에 계신 내 아버지의 뜻대로
행하는 자라야 들어가리라—

마태복음 7장 21절
PT人·+·

16

DECEMBER

주의 교훈으로
나를 인도하시고
후에는
영광으로
나를 영접하시리니

✝

시편73편24절
박진영

여호와의 산에 오를 자가 누구며
그의 거룩한 곳에 설 자가 누구인가
곧 손이 깨끗하며 마음이 청결하며
뜻을 허탄한 데에 두지 아니하며
거짓 맹세하지 아니하는 자로다.
그는 여호와께 복을 받고
구원의 하나님께 의를 얻으리니

시편 24편 3, 4, 5절

우리가 보고 들은 바를
너희에게도 전함은
너희로 우리와 사귐이 있게
하려 함이니
우리의 사귐은
아버지와 그의 아들 예수 그리스도와
더불어 누림이라

요한일서 1장 3절
방수아

말씀하시되
나를따라오라
내가너희를
사람을낚는어부가
되게하리라하시니

마태복음4장19절
박소아

14

DECEMBER

하나님께서 세상의 천한 것들과
멸시받는 것들과 없는 것들을 택하사
있는 것들을 폐하려 하시나니 이는 아무
육체도 하나님 앞에서 자랑하지 못하게 하려 하심이라

고린도전서 1장 28, 29절
ㅂ ㅜ ㅅ. ㅓ. ㅇ

주의 손이 나를 만들고 세우셨사오니
내가 깨달아 주의 계명들을
배우게 하소서

시편 119편 73절

오직 강하고
극히 담대하여
나의 종 모세가 네게 명령한
그 율법을 다 지켜 행하고
우로나 좌로나 치우치지 말라—
그리하면 어디로 가든지
형통하리니

여호수아 1장 7절
BTS아멘

오직 믿음으로 구하고
조금도 의심하지 말라
의심하는 자는 마치 바람에 밀려
요동하는 바다 물결 같으니

야고보서 1장 6절
BTS. 허

하나님이 우리를 구원하사 거룩하신 소명으로
부르심은 우리의 행위대로 하심이 아니요
오직 자기의 뜻과 영원 전부터 그리스도 예수 안에서
우리에게 주신 은혜대로 하심이라

디모데후서 1장 9절
BTS 아.♡

사람이
여호와께
서원하였거나
결심하고 서약하였으면
깨뜨리지말고
그가 입으로 말한대로
다 이행할것이니라

민수기 30장 2절
BTS아.

제자들이나가
두루전파할새
주께서함께역사하사
그따르는표적으로
말씀을 확실히증언하시니라

마가복음16장20절
박다0.40

19
JANUARY

너는 마음을 다하여 여호와를 신뢰하고
네 명철을 의지하지 말라 너는 범사에
그를 인정하라 그리하면 네 길을 지도하시리라—

잠언 3장 5,6절
ITSHO.

10

DECEMBER

진리를 알지니
진리가 너희를
자유롭게 하리라

요한복음 8장32절

그러므로 남을판단하는사람아
누구를 막론하고 네가핑계하지못할것은
남을판단하는것으로 네가너를정죄함이니
판단하는 네가 같은 일을행함이니라

로마서2장1절

내가 네게 큰 복을 주고
네 씨가 크게 번성하여
하늘의 별과 같고
바닷가의 모래와 같게 하리니
네 씨가 그 대적의 성문을 차지하리라~

창세기 22장 17절
BTS.十.o

이런일을행하는자를판단하고도
같은일을행하는사람아
네가하나님의심판을피할줄로생각하느냐

로마서12장3절

아무일에든지 다툼이나
허영으로 하지말고
오직 겸손한 마음으로
각각 자기보다 남을 낫게여기고

빌립보서 2장 3절
BTS 아.

아무것도 염려하지 말고
다만 모든 일에 기도와 간구로
너희 구할 것을 감사함으로
하나님께 아뢰라—

빌립보서 4장 6절

여호와께서 자기를 경외하는 자들에게
양식을 주시며
그의 언약을 영원히 기억하시리로다

시편111편5절
ㅂㅜㅅㅇㅓ

하나님이 그 종을 세워 복수 시려고
너희에게 먼저 보내사
너희로 하여금 돌이켜 각각
그 악함을 버리게 하셨느니라.

사도행전 3장 26절
BTS야.

6
DECEMBER

진실로 진실로 너희에게 이르노니
믿는 자는 영생을 가졌나니

요한복음 6장 47절
BTS아♡

그러므로 너희가 회개하고
돌이켜 너희 죄 없이함을 받으라.
이같이하면 새롭게 되는날이
주 앞으로부터 이를 것이요

사도행전3장19절

육신의 생각은
하나님과 원수가 되나니
이는 하나님의 법에
굴복하지 아니할뿐아니라
할수도 없음이라

로마서 8장 7절
BTS 아.이.엠

내의의 하나님이여
내가 부를 때에 응답하소서
곤란 중에 나를 너그럽게 하셨사오니
내게 은혜를 베푸사
나의 기도를 들으소서

시편 4편 1절
ㅂㅅㅇ

너는 네 백성 중에 돌아다니며
사람을 비방하지 말며
네 이웃의 피를 흘려 이익을 도모하지 말라
나는 여호와이니라—

레위기 19장 16절
ㅂㅈㅅ.ㅗ.ㅇ

오직 여호와의 율법을 즐거워하여
그의 율법을 주야로 묵상하는도다.

시편1편2절

높음이나 깊음이나
다른 어떤 피조물이라도
우리를 우리 주 그리스도 예수 안에 있는
하나님의 사랑에서
끊을 수 없으리라—

로마서 8장 39절
BTS·K

여호와께서 네가 행한 일에
보답하시기를 원하며
이스라엘의 하나님 여호와께서
그의 날개 아래에 보호를 받으러 온 네게
온전한 상주시기를 원하노라 하는지라

룻기 2장 12절
ㅂㄷㅅㅗㆍㅇ

그러나
내가 긍휼을 입은
까닭은
예수 그리스도께서
내게 먼저
일체 오래 참으심을
보이사—
후에 주를 믿어
영생 얻는 자들에게
본이 되게 하려
하심이라—

디모데전서 1장 16절

LOVE
JESUS

그가 영원토록
지극한 복을 받게 하시며
주 앞에서 기쁘고
즐겁게 하시나이다.

시편 21편 6절
BTS야. :)

1

DECEMBER

광야에 외치는 자의
소리가 있어 이르되
너희는 주의 길을 준비하라
그가 오실 길을 곧게 하라.

마태복음 3장 3절
ㅂㅜㅅㅇㅏ.ㅇ

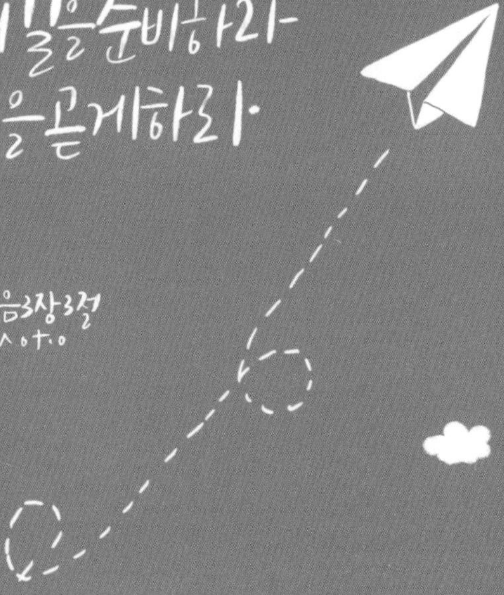

내형제들아 너희가 여러가지
시험을 당하거든
온전히 기쁘게 여기라~

야고보서1장2절

12월

나를 훈계하신 여호와를 송축할지라
밤마다 내 양심이 나를 교훈하도다
내가 여호와를 항상 내 앞에 모심이여
그가 나의 오른쪽에 계시므로
내가 흔들리지 아니하리로다

시편 16편 7, 8절

30

NOVEMBER

범사에
우리 주 예수 그리스도의
이름으로
항상 아버지 하나님께
감사하며

에베소서 5장 20절

여호와의 인자와 긍휼이 무궁하시므로
우리가 진멸되지 아니함이니이다.
이것들이 아침마다 새로우니
주의 성실하심이 크시도소이다-

예레미야애가 3장 22, 23절

ㅂㅜㅅ꽃ㆍ

하늘의 하늘도 그를 찬양하며
하늘 위에 있는 물들도 그를 찬양할지어다
그것들이 여호와의 이름을 찬양함은
그가 명령하시므로 지음을 받았음이로다

시편 148편 4.5절

2월

만일 우리가
죄가 없다고 말하면
스스로 속이고 또
진리가 우리 속에
있지 아니할 것이요

요한일서 장 8절
BTS아.ㅇ

1

FEBRUARY

너는
그리스도 예수의
좋은 병사로
나와 함께
고난을 받으라—

디모데후서 2장 3절

무엇이든지 구하는 바를
그에게서 받나니
이는 우리가 그의 계명을 지키고
그 앞에서 기뻐하시는 것을
행함이리—

요한일서 3장 22절

너는 네 형제를
마음으로 미워하지 말며
네 이웃을 반드시
견책하라—
그리하면 네가 그에 대하여
죄를 담당하지 아니하리라—

레위기 19장 17절
BY 소ㅇ

우리가 잠시 받는 환난의 경한 것이
지극히 크고 영원한 영광의 중한 것을
우리에게 이루게 함이니

고린도후서 4장 17절

예수께서 이르시되 나는 부활이요 생명이니
나를 믿는 자는 죽어도 살겠고 무릇 살아서 나를 믿는 자는
영원히 죽지 아니하리니 이것을 네가 믿느냐

요한복음 11장 25.26절

여호와께 노래하라
너희는 여호와를
찬양하라.
가난한 자의 생명을
행악자의 손에서
구원하셨음이니라

예레미야 20장 13절

할렐루야 여호와의 종들아

찬양하라 여호와의 이름을

찬양하라 이제부터 영원까지

여호와의 이름을 찬송할지로다—

시편113편 1.2절

이 모든 일에 욥이
범죄하지 아니하고
하나님을 향하여
원망하지
아니하니라—

욥기 1장 22절
ㅂㄷㅅㅇ

5

FEBRUARY

내가 진실로 너희에게 이르노니
누구든지 하나님의 나라를
어린아이와 같이 받들지 않는 자는
결단코 그곳에 들어가지 못하리라 하시고

누가복음 10장 15절
ㅂㅜㅅ·ㅊ·

하나님의사랑안에서
자신을지키며
영생에이르도록
우리주예수그리스도의긍휼을
기다리라—

유다서1장21절
BTS 뷔

그러므로
믿음은 들음에서나며
들음은 그리스도의 말씀으로
말미암았느니라.

로마서10장17절
박신자.

믿음이 강한 우리는
마땅히 믿음이 약한 자의
약점을 담당하고
자기를 기쁘게 하지 아니할 것이라 ―

로마서 15장 1절

주안에서
항상 기뻐하리ㆍ
내가 다시
말하노니
기뻐하리ㆍ

빌립보서 4장 4절
ㅂㄷㅅㅇㅎㅇ

여호와의 인자하심과
인생에게 행하신
기적으로 말미암아
그를 찬송할지로다—

시편 107편 21절
바스 art

대저 하나님의
모든 말씀은
능하지 못하심이
없느니라.

누가복음 1장 37절
BTS·t··

누가 누구에게 불만이 있거든
서로 용납하여 피차 용서하되
주께서 너희를 용서하신 것같이
너희도 그리하고

골로새서 3장 13절

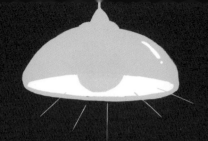

정직한 자들에게는
흑암중에 빛이 일어나나니
그는 자비롭고 긍휼이 많으며
의로운 이로다

시편 112편 4절

광풍을 고요하게하사
물결도 잔잔하게하시는도다.
그들이평온함으로 말미암아
기뻐하는중에 여호와께서
그들이바라는 항구로
인도하시는도다.

시편107편29.30절

사람이
시험을 받을때에
내가 하나님께
시험을 받는다 하지말지니
하나님은 악에게
시험을 받지도 아니하시고
친히 아무도 시험하지 아니하시느니라

야고보서 1장 13절

누가 주의 이 많은 백성을
재판할 수 있사오리이까
듣는 마음을 종에게 주사
주의 백성을 재판하여
선악을 분별하게 하옵소서

열왕기상 3장 9절

그리스도 예수 안에서는
할례나 무할례나 효력이 없으되
사랑으로써 역사하는
믿음뿐이니라

갈라디아서5장6절
아멘

야곱의 하나님을 자기의 도움으로 삼으며
여호와 자기 하나님에게
자기의 소망을 두는 자는 복이 있도다.

시편 146편 5절

12

FEBRUARY

누가 능히
하나님께서 택하신
자들을 고발하리요
의롭다 하신 이는
하나님이시니

로마서 8장 33절
ㅂㅜㅅ.ㅜ.

하나님이여
우리가
주의전 가운데에서
주의인자하심을
생각하였나이다

시편48편9절
마스포

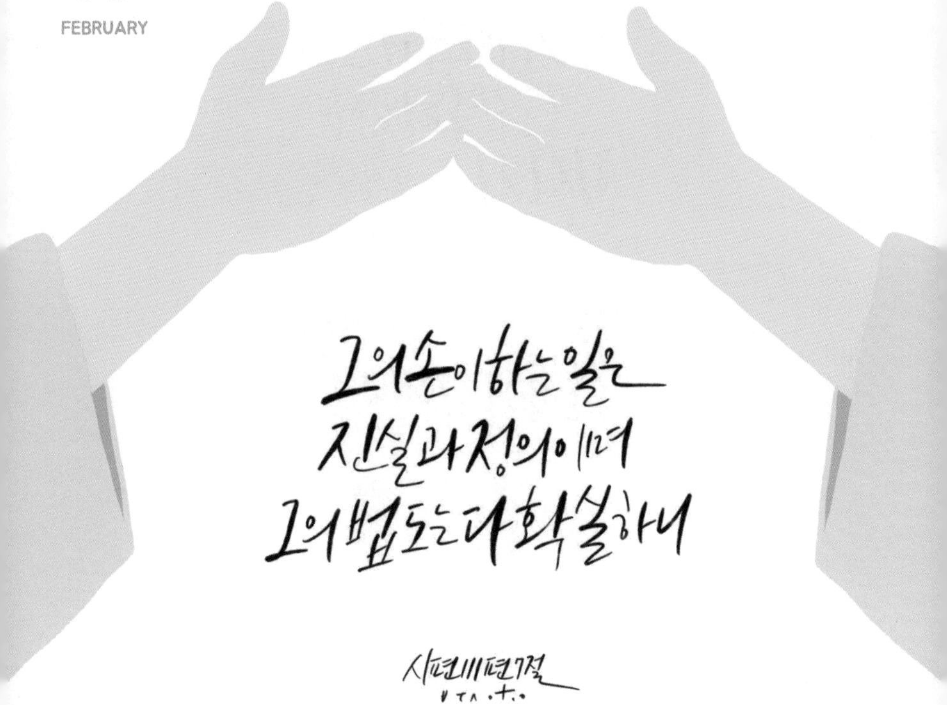

그의 손이 하는 일은
진실과 정의이며
그의 법도는 다 확실하니

시편 111편 7절

그러므로 우리는
예수로 말미암아
항상 찬송의 제사를
하나님께 드리자
이는 그 이름을 증언하는
입술의 열매니라ㅡ

히브리서 13장 15절
말씀。

Thanks

God

나는 감사하는 목소리로 주께 제사를 드리며
나의 서원을 주께 갚겠나이다
구원은 여호와께 속하였나이다 하니라.

요나 2장 9절
ㅂㅜㅅㅡㅎㅗ

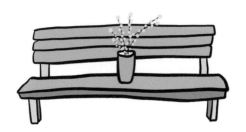

다만 너희는 그의 나라를 구하라.
그리하면 이런 것들을
너희에게 더하시리라.

누가복음12장31절
BTS.※

예수께서이르시되
네 마음을 다하고 목숨을 다하고
뜻을 다하여
주 너의 하나님을 사랑하라 하셨으니

마태복음 22장 37절
박지연

그러나 우리의 시민권은
하늘에 있는지라
거기로부터 구원하는 자
곧 주 예수 그리스도를
기다리노니

빌립보서 3장 20절

예수께서 대답하여 이르시되
너희가 사람의 미혹을
받지 않도록 주의하라

마태복음 24장 4절
ㅂㅈㅅ·ㅎ

12

NOVEMBER

보라 그의 마음은 교만하며
그 속에서 정직하지 못하나
의인은 그의 믿음으로
말미암아 살리라

하박국 2장 4절

17

FEBRUARY

만일 형제나 자매가
헐벗고 일용할 양식이 없는데
너희 중에 누구든지 그에게 이르되
평안히 가라 덥게 하라 배부르게 하라 하며
그 몸에 쓸 것을 주지 아니하면 무슨 유익이 있으리요
이와 같이 행함이 없는 믿음은
그 자체가 죽은 것이라

야고보서 2장 15.16.17절
ㅂㄷㅅ아★ㅇ

누구든지 하늘에 계신
내 아버지의 뜻대로 하는 자가
내 형제요 자매요
어머니이니라 하시더라

마태복음 12장 50절
박소향

우리는 우리 자신이 사형 선고를
받은 줄 알았으니
이는 우리로 자기를 의지하지 말고
오직 죽은 자를 다시 살리시는
하나님만 의지하게 하심이라 —

고린도후서 1장 9절

이스라엘아들으라
우리하나님여호와는
오직유일한여호와이시니
나는마음을다하고
뜻을다하고힘을다하여
네하나님여호와를
사랑하리—

신명기6장4,5절

이러므로 너희는 장차 올
이 모든 일을 능히 피하고
인자 앞에 서도록
항상 기도하며 깨어 있으라
하시니라

누가복음 21장 36절

그나무는
여호와를 의지하며
여호와를 의뢰하는
그사람은
복을 받을것이라

예레미야 17장 7절

보라 하나님은 나의 구원이시라
내가 신뢰하고 두려움이 없으리니
주 여호와는 나의 힘이시며
나의 노래시며 나의 구원이 되셨음이라

이사야 12장 2절
ㅇㅅㅇ·ㅊ·

하나님의 어리석음이
사람보다 지혜롭고
하나님의 약하심이
사람보다 강하니라

고린도전서 1장 25절

주께서는 못하실 일이 없사오며
무슨 계획이든지 못 이루실 것이
없는 줄 아오니

욥기 42장 2절

그러므로 우리는
긍휼하심을 받고
때를 따라 돕는 은혜를
얻기 위하여
은혜의 보좌 앞에
담대히
나아갈 것이니라.

히브리서 4장 16절

여호와를 의지하는 자는
시온산이 흔들리지 아니하고
영원히 있음 같도다.

시편125편1절

세상이 너희를
미워하지 아니하되
나를 미워하나니
이는 내가 세상의 일들을
악하다고 증언함이라

요한복음 7장 7절

23

FEBRUARY

내 평생에 선하심과
인자하심이
반드시 나를 따르리니
내가 여호와의 집에
영원히 살리로다.

시편 23편 6절
ㅂㅜ ㅅ ㅇ·ㅗ·

하나님의 도는
완전하고
여호와의 말씀은
순수하니
그는 자기에게 피하는
모든 자의
방패시로다 ——

시편 18편 30절
bts아.0

너희는 여호와의 선하심을
맛보아 알지어다—
그에게 피하는 자는
복이 있도다—

시편34편8절
ㅂㄷㅅ·ㅠ·ㅇ

평강의 주께서
친히 때마다 일마다—
너희에게 평강을 주시고
주께서 너희 모든 사람과—
함께 하시기를 원하노라—

데살로니가후서3장16절
BTS 앞.

눈물을
흘리며 씨를
뿌리는 자는
기쁨으로
거두리로다

시편 126편 5절
시 ㅈ ㆍㅈ ㅇ

또네가 많은 증인 앞에서
내게 들은 바를 충성된 사람들에게 부탁하라
그들이 또 다른 사람들을 가르칠 수 있으리라—

디모데후서 2장 2절
ㅂㄷㅅㅇ

여호와께서 이르시되
내가 친히 가리라.
내가 너를 쉬게 하리라.

출애굽기 33장 14절

나는너희에게이르노니
너희 우건수를 사랑하며
너희를 박해하는 자를위하여
기도하라

마태복음5장44절
ㅂㅅ·ㅜ·

27
FEBRUARY

PRAISE HIM

예수의 발아래에 엎드리어
감사하니 그는 사마리아사람이라

누가복음17장16절
ㅂㅈㅅ아ㅇ

이는 그들로
마음에 위안을 받고
사랑 안에서 연합하여
확실한 이해의
모든 풍성함과
하나님의 비밀인 그리스도를
깨닫게 하려 함이니

골로새서 2장 2절

우리는 그리스도 안에서
그의 은혜의 풍성함을 따라
그의 피로 말미암아
속량 곧 죄사함을
받았느니라—

에베소서 1장 7절

11월

그러므로
우리가 흔들리지 않는
나라를 받았은즉
은혜로 받자
이로 말미암아
경건함과 두려움으로
하나님을
기쁘게 섬길지니

히브리서 12장 28절

31
OCTOBER

이 말을 할 때에
예수께서 친히
그들 가운데 서서 이르시되
너희에게 평강이
있을지어다 하시니

누가복음 24장 36절
박소영

3월

이는 너희가 흠이 없고 순전하여
어그러지고 거스르는 세대 가운데서
하나님의 흠 없는 자녀로
세상에서 그들 가운데 빛들로 나타내며

빌립보서 2장 15절

여호와께서
이스라엘 족속에게
이와같이 말씀하시기를
너희는 나를 찾으라
그리하면 살리라.

아모스 5장 4절

이 예언의 말씀을 읽는 자와 듣는 자와
그 가운데에 기록한 것을 지키는 자는
복이 있나니 때가 가까움이라

요한계시록 1장 3절

여호와께서 그의 앞으로 지나시며 선포하시되
여호와라 여호와라 자비롭고 은혜롭고
노하기를 더디하고 인자와 진실이 많은 하나님이라

출애굽기 34장 6절

만일 너희 속에
하나님의 영이 거하시면
너희가 육신에 있지 아니하고
영에 있나니 누구든지
그리스도의 영이 없으면
그리스도의 사람이 아니라—

로마서 8장 9절
BTS 아이

여호와는 그 얼굴을
네게로 향하여 드사
평강 주시기를
원하노라
할지니라 하라.

민수기 6장 26절
너도...

삼가 누가 누구에게든지
악으로 악을 갚지 말게 하고
서로 대하든지 모든 사람을 대하든지
항상 선을 따르라.

데살로니가전서 5장 15절
ㅂㅜㅅㅇㅗㅇ

날마다 우리 짐을
지시는 주
곧 우리의 구원이신
하나님을
찬송할지로다—

시편 68편 19절

말씀이 육신이 되어
우리 가운데 거하시매
우리가 그의 영광을 보니
아버지의 독생자의
영광이요
은혜와 진리가
충만하더라.

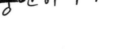

요한복음 1장 14절

나에게 이르시기를
내 은혜가 네게 족하도다—
이는 내 능력이 약한 데서 온전하여짐이라
하신지라 그러므로 도리어 크게
기뻐함으로 나의 여러 약한 것들에
대하여 자랑하리니 이는 그리스도의 **능력**이
내게 머물게 하려 함이라—

고린도후서 12장 9절
ㅂㄷ人ㅇ··ㅇ

너희중에누구든지
지혜가부족하거든
모든사람에게후히주시고
꾸짖지아니하시는
하나님께구하라
그리하면 주시리라

야고보서 1장 5절
ㅂㅜㅅㅇㅏㆍㅇ

6

MARCH

무릇 주의 인자는 커서 하늘에 미치고 주의 진리는 궁창에 이르나이다

시편 57편 10절

ㅂㅜㅅㅇㅜㅇ

성경에
기록되었으되
보라 내가 택한
보배로운
모퉁잇돌을
시온에 두노니
그를 믿는 자는
부끄러움을 당하지
아니하리라
하였으니

베드로전서 2장 6절

나를 눈동자같이 지키시고
주의 날개그늘 아래에 감추사
내 앞에서 나를 압제하는
악인들과 나의 목숨을 노리는
원수들에게서 벗어나게 하소서

시편17편8.9절
박소영

너희는 스스로 삿가우리가 일할 것을
일치말고 오직 온전한 상을 받으라—

요한이서 1장 8절

진실로다시너희에게이르노니
너희중의두사람이땅에서합심하여
무엇이든지구하면
하늘에계신내아버지께서
그들을위하여
이루게하시리라—

마태복음18장19절
BTS ·✝·

우리 주의 은혜가
그리스도예수
안에있는
믿음과사랑과
함께넘치도록
풍성하였도다

디모데전서1장14절
ㅂㅜㅅㅇㅏ...

생명으로 인도하는
문은 좁고 길이 협착하여
찾는 자가 적음이라.

마태복음7장14절
BTS.▪▪

자기아들을아끼지아니하시고
우리모든사람을위하여
내주신이가어찌그아들과함께
모든것을우리에게주시지아니하겠느냐

로마서8장32절
BTS.♥.♥

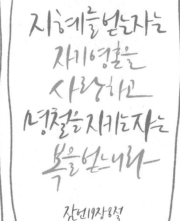

지혜를 얻는 자는
자기 영혼을
사랑하고
명철을 지키는 자는
복을 얻느니라

잠언 19장 8절

보라 나중 된 자로서
먼저 될 자도 있고
먼저 된 자로서 나중 될 자도 있느니라·
하시더라·

누가복음 13장 30절
박소아

너그러운 사람에게는
은혜를 구하는 자가 많고
선물주기를 좋아하는자에게는
사람마다 친구가 되느니라~

잠언 19장 6절
ㅂㄷㅅ·十··

내가 너로 큰 민족을 이루고
네게 복을 주어 네 이름을 창대하게 하리니
너는 복이 될지라—

창세기 12장 2절
BTS야.◦

하늘이 하나님의
영광을 선포하고
궁창이 그의 손으로 하신 일을
나타내는도다 —

시편 19편 1절

주는 계신 곳 하늘에서 들으시고 사하시며
각 사람의 마음을 아시오니 그들의 모든 행위대로
행하사 갚으시옵소서 주만 홀로
사람의 마음을 다 아심이니이다—
그리하시면 그들이 주께서
우리 조상들에게 주신 땅에서 사는 동안에
항상 주를 경외하리이다—

열왕기상 8장 39.40절
ㅂㄷㅅ.ㅓ.ㅇ

그가 우리를
흑암의 권세에서
건져내사
그의 사랑의 아들의
나라로 옮기셨으니

골로새서 1장 13절

나여호와가의로너를불렀은즉
내가 네손을 잡아 너를 보호하며
너를 세워 백성의 언약과
이방의 빛이 되게 하리니

이사야 42장 6절
BTS아.이

평안을 너희에게 끼치노니
곧 나의 평안을 너희에게 주노라
내가 너희에게 주는 것은
세상이 주는 것과 같지 아니하니라—
너희는 마음에 근심하지도 말고
두려워하지도 말라—

요한복음 14장 27절

많은 사람이 연단을 받아
스스로 정결하게 하며 희게 할 것이나—
악한 사람은 악을 행하리니
악한 자는 아무것도 깨닫지 못하되
오직 지혜 있는 자는 깨달으리라—

다니엘 12장 10절
BTS·十··

내가 또 주의 목소리를 들으니
주께서 이르시되 내가 누구를 보내며
누가 우리를 위하여 갈꼬 하시니
그때에 내가 이르되
내가 여기 있나이다—
나를 보내소서
하였더니

이사야 6장 8절
ㅂㅅㅇㅊㅇ

여호와께서는 자기에게
간구하는 모든자끝 진실하게
간구하는 모든자에게
가까이하시는도다.

시편 145편 18절
BTS 아.0

그들은 내 명령을 지킬 것이니라—
그것을 속되게 하면 그로 말미암아
죄를 짓고 그 가운데에서
죽을까 하노라—
나는 그들을 거룩하게 하는
여호와이니라—

레위기 22장 9절
BTS 앤.

14
OCTOBER

여호와께서 집을 세우지 아니하시면
세우는 자의 수고가 헛되며
여호와께서 성을 지키지 아니하시면
파수꾼의 깨어 있음이 헛되도다

시편 127편 1절

우리가 주목하는 것은
보이는 것이 아니요
보이지 않는 것이니
보이는 것은 잠깐이요
보이지 않는 것은 영원함이라

고린도후서4장18절

그러므로 형제들아
내가 하나님의 모든 자비하심으로
너희를 권하노니
너희 몸을 하나님이 기뻐하시는
거룩한 산 제물로 드리라—
이는 너희가 드릴 영적 예배니라—

로마서 12장 1절

지극히 작은것에 충성된자는
큰것에도충성되고
지극히작은것에불의한자는
큰것에도불의하리라—

누가복음16장10절
ᄇᄐᄉ·ᄎ·ᄋ

자녀들아 이제 그의 안에 거하라—
이는 주께서 나타내신 바 되면
그가 강림하실 때에 우리로 담대함을 얻어
그 앞에서 부끄럽지 않게 하려 함이니라—

요한일서 2장 28절
BTS 야•ㅇ

당신들은
나를 해하려 하였으나
하나님은 그것을
선으로 바꾸사
오늘과 같이
많은 백성의 생명을
구원하게 하시려
하셨나니

창세기50장20절
ㅂㅏㅇㅔㅂㅇ

그들이 주늘 앙망하고
광치를 내었으니
그들의 얼굴은 부끄럽지
아니하리로다—

시편34편5절
ㅂㅌㅅ호ㅇ

믿음의 선한 싸움을 싸우라
영생을 취하라
이를 위하여 네가 부르심을 받았고
많은 증인 앞에서 선한 증언을 하였도다—

디모데전서6장12절
ㅂㅜㅅ·十··

그러므로 너희는
이렇게 기도하라
하늘에 계신 우리 아버지여
이름이 거룩히 여김을 받으시오며
나라가 임하시오며
뜻이 하늘에서 이루어진 것 같이
땅에서도 이루어지이다

마태복음 6장 9.10절
바시야

절기을 지킬 때에는
너와 네자녀와 노비와
네 성중에 거주하는 레위인과
객과 고아와 과부가 함께 즐거워하되

신명기 16장 14절
ㅂㅅㅇㅎㅇ

그러므로 하나님의 뜻대로
고난을 받는 자들은
또한 선을 행하는 가운데에
그 영혼을 미쁘신 창조주께
의탁할지어다

베드로전서 4장 19절

하나님이 세상을
이처럼 사랑하사
독생자를 주셨으니 이는 그를
믿는 자마다 멸망하지 않고
영생을 얻게 하려 하심이라

요한복음 3장 16절

사람이 여호와의
구원을 바라고
잠잠히
기다림이 좋도다.

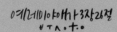

예레미야애가 3장 26절

6
JULY

내가곧 그들을 나의성산으로
인도하여 기도하는 내집에서
그들을기쁘게할것이며
그들의번제다 희생을 나의제단에서
기꺼이 받게되리니 이는내집은
만민이기도하는집이라 일컬음이될것임이라

이사야56장7절
BTS야곱

나는 너희을 위하여
기도하기을 쉬는죄을
여호와앞에
결단코범하지아니하고
선하고의로운길을
너희에게 가르칠것인즉

사무엘상12장23절
바사야♡

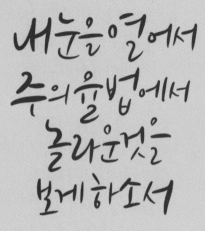

내 눈을 열어서
주의 율법에서
놀라운것을
보게 하소서

시편119편18절
ㅂㅈㅅ

또 약속하신이는
미쁘시니 우리가 믿는 도리의
소망을 움직이지말며
굳게 잡고

서로 돌아보아 사랑과 선행을
격려하며
모이기를 폐하는 어떤 사람들의
습관과 같이하지 말고
오직 권하여 그날이
가까움을 볼수록 더욱
그리하자

히브리서 10장 23-25절
ㅂㅈㅅ 💛

여호수아가 백성에게 이르되
너희가 여호와를 택하고 그를 섬기라 하였으니
스스로 증인이 되었느니라 하니
그들이 이르되 우리가 증인이 되었나이다 하더라—

여호수아 24장 22절

너희는 더욱
큰 은사를
사모하라
내가 또한
가장 좋은 길을
너희에게
보이리라

고린도전서 12장 31절

9

JULY

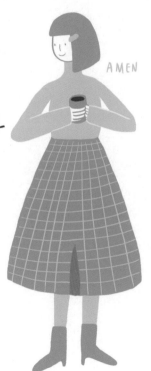

입으로 들어가는것이
사람을 더럽게하는것이아니라
입에서 나오는그것이
사람을 더럽게하는것이니라

마태복음 15장 11절
비밀일기。

내가 하나님의
아들의 이름을 믿는 너희에게
이것을 쓰는 것은
너희로 하여금 너희에게
영생이 있음을
알게 하려 함이라~

오늘일서장 13절
비자야

형제들아 너희가 자유를 위하여
부르심을 입었으나 그러나 그 자유로
육체의 기회를 삼지 말고 오직 사랑으로
서로 종노릇하라

갈라디아서 5장 13절

자녀들은 혈과 육에 속하였으매
그가 또한 같은 모양으로
혈과 육을 함께 지니심은
죽음을 통하여 죽음의 세력을 잡은 자-
곧 마귀를 멸하시며

히브리서 2장 14절

좋은 땅에 뿌려졌다는 것은
말씀을 듣고 깨닫는 자니 결실하여
어떤 것은 백배 어떤 것은 육십배
어떤 것은 삼십배가 되느니라 하시더라

마태복음 13장 23절

만일누구든지
주를사랑하지아니하면
저주를받을지어다
우리주여오시옵소서
주예수그리스도의은혜가
너희와함께하고
나의사랑이그리스도예수안에서
너희무리와함께할지어다

고린도전서16장22-24절
ㅂㅈㅅ ㅇ.ㅇ

그대는 하나님께서 하신 일을 기억하고
높이라 잊지말지니라 인생이 그의 일을
찬송하였느니라~

욥기 36장 24절

18

JUNE

사람의 행위가
여호와를 기쁘시게 하면
그 사람의 원수라도
그와 더불어 화목하게 하시느니라

잠언 16장 7절
BTS야

13
JULY

내 영혼이 여호와의 궁정을
사모하여 쇠약함이여
내 마음과 육체가
살아계시는 하나님께
부르짖나이다

시편 84편 2절

기도를 계속하고
기도에 감사함으로
깨어있으라

골로새서 4장 2절
빌소아:。

14

JULY

여호와여 주의 도를 내게 보이시고
주의 길을 내게 가르치소서
주의 진리로 나를 지도하시고 교훈하소서
주는 내 구원의 하나님이시니
내가 종일 주를 기다리나이다—

시편 25편 4.5절
BTS 아영

네가 여호와 안에서
즐거움을 얻을 것이라.
내가 너를 땅의 높은 곳에 올리고
네 조상 야곱의 기업으로 기르리라.
여호와의 입의 말씀이니라.

이사야 58장 14절

자녀들아
우리가 말과 혀로만
사랑하지 말고
행함과
진실함으로 하지—

요한일서 3장 18절
bTSohn

15
JUNE

너희 믿음이
사람의 지혜에 있지
아니하고 다만
하나님의 능력에 있게
하려하였노라

고린도전서 2장 5절

16
JULY

다니엘이 이 조서에
왕의 도장이 찍힌 것을 알고도
자기 집에 돌아가서는
윗방에 올라가 예루살렘으로
향한 창문을 열고 전에 하던 대로
하루 세 번씩 무릎을 꿇고
기도하며 그의 하나님께 감사하였더라.

다니엘 6장 10절

형제들아
내가 우리 주 예수 그리스도의
이름으로 너희를 권하노니
모두가 같은 말을 하고 너희 가운데 분쟁이 없이
같은 마음과 같은 뜻으로
온전히 합하라

고린도전서 1장 10절
ㅂㅜㅅㅇㅑ。

그러할지라도
내가 오히려 위로를 받고
그칠 줄 모르는 고통 가운데서도
기뻐하는 것은
내가 거룩하신 이의 말씀을
거역하지 아니하였음이라.

욥기 6장 10절
BTS oh

13
JUNE

내아들아 내 말을 지키며 내 계명을 간직하라
내 계명을 지켜 살며 내 법을 너 눈동자처럼 지키라—
이것을 네 손가락에 매며 이것을 네 마음 판에 새기라—

잠언 7장 1-3절
BTS·♥

찬송하리로다.
하나님곧우리주예수
그리스도의아버지께서
그리스도안에서하늘에속한
모든신령한복을우리에게주시되

에베소서 1장 3절
ㅂㄷㅅㅇㅜㅇ

우리가
사랑함은
그가먼저
우리를
사랑하셨음이라

요한일서4장19절
ㅂㅓㅅ・ㅜ・

너희가 다 믿음으로
말미암아
그리스도 예수 안에서
하나님의 아들이
되었으니

갈라디아서 3장 26절
ㅂㅜㅅ.ㅓ.ㅁ

그런즉 네 하나님
여호와를 사랑하여
그가 주신 책무와 법도와
규례와 명령을 항상 지키라

신명기 11장 1절   BTS야

어리석고지혜없는백성아
여호와께이같이보답하느냐
그는네아버지시요너를지으신이가아니시냐
그가너를만드시고너를세우셨도다

신명기32장6절
ᄇᄉᄋᄒ○

네 시작은
미약하였으나~
네 나중은
심히 창대하리라.

욥기 8장 7절
ㅂ ㅜ ㅅ ㅇ ㅜ ㅇ

21
JULY

내가 항상 주와 함께하니
주께서 내 오른손을
붙드셨나이다

시편 73편 23절
버스야.

그러나 내가 너를 위하여
네 믿음이 떨어지지 않기를
기도하였노니
너는 돌이킨 후에 네 형제를 굳게 하라.

누가복음 22장 32절

내가 산을 향하여 눈을 들리라.
나의 도움이 어디서 올까
나의 도움은 천지를 지으신 여호와에게서로다.

시편 121편 1,2절

이는 하늘이
땅보다 높음 같이
내 길은
너희의 길보다 높으며
내 생각은
너희의 생각보다
높음이니라

이사야 55장 9절
버전+.0

야곱아너를창조하신
여호와께서지금말씀하시느니라—
이스라엘아너를지으신이가말씀하시느니라
너는두려워하지말라내가너를구속하였고
내가너를지명하여불렀나니
너는내것이라—

이사야43장1절
박사야. ○

죄가 너희를
주장하지 못하리니
이는 너희가
법 아래에 있지 아니하고
은혜 아래에 있음이라

로마서 6장 14절
ㅂㅅㅎㅇ

너희를위하여 하늘에 쌓아둔
소망으로 말미암음이니
곧 너희가 전에 복음의 진리의 말씀을 들은것이라.

골로새서 1장5절

주는 나의 은신처인
방패시라-
내가 주의 말씀을 바라나이다.

시편119편 114절
ㅣ TA야。

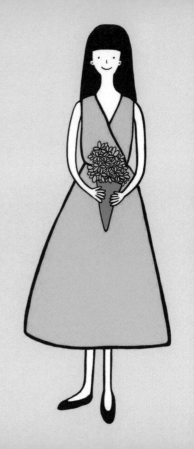

나는의로운중에
주의얼굴을뵈오리니
깰때에
주의형상으로
만족하리이다.

시편17편15절

5
JUNE

여호와여 그리하여도
나는 주께 의지하고
말하기를
주는 내 하나님이시라
하였나이다

시편31편14절
ㅂㅈㅅㅎㅇ

그날에는 내가아버지안에
너희가내안에내가너희안에
있는것을너희가알리라.

요한복음14장20절
ㅂㅜㅅ ㅇㅏㅇ

여호와께서
너를 실족하지
아니하게하시며
너를 지키시는 이가
졸지아니하시리로다.

시편 121편 3절
바쇼야

항상 기뻐하라—
쉬지말고 기도하라—
범사에 감사하라—
이것이 그리스도예수안에서
너희를 향하신 하나님의 뜻이니라—

데살로니가전서5장16-18절
ㅂㅜㅅ·ㅎ·ㅇ

3
JUNE

주의 말씀은
내 발의 등이요
내 길에
빛이니이다

시편 119편 105절

ㅂㄱㅅ.ㅎ..

28

JULY

그가
빛가운데 계신것같이
우리도 빛가운데 행하면
우리가 서로 사귐이 있고
그아들 예수의 피가
우리를 모든죄에서
깨끗하게 하실것이오

요한일서 1장 7절
ㅣ ㅓ ㅅ · ㅏ · ○

여호와는죽이기도하시고
살리시기도하시며
스올에내리게도하시고
거기에서올리기도하시는도다—

사무엘상2장6절
ㅂㅜㅅ ㆍ + ㆍㆍ

억눌린 사람들을 위해
정의로 심판하시며
주린 자들에게 먹을 것을 주시는이시로다
여호와께서는 갇힌 자들에게
자유를 주시는도다

시편 146편 7절
ㅂㅜㅅㅇㄷ∘

근심하는 자 같으나 항상 기뻐하고
가난한 자 같으나 많은 사람을 부요하게 하고
아무것도 없는 자 같으나 모든 것을 가진 자로다-

고린도후서6장10절

내가 주의 영을 떠나
어디로 가며
주의 앞에서 어디로
피하리이까
내가 하늘에 올라갈지라도
거기 계시며
스올에 내 자리를 펼지라도
거기 계시니이다
내가 새벽 날개를 치며
바다 끝에 가서 거주할지라도
거기서도 주의 손이 나를 인도하시며
주의 오른손이 나를 붙드시리이다

시편 139편 7-10절
ㅂㅜㅅㅇㅏㅇ

6월

내가주께감사하옴은
나를지으심이심히기묘하심이라
주께서하시는일이기이함을
내영혼이잘아나이다

시편139편14절
박소라

그러나
주께 피하는
모든 사람은
다 기뻐하여
주의 보호로 말미암아
영원히 기뻐 외치고
주의 이름을 사랑하는 자들은
주를 즐거워하리이다—

시편 5편 11절
BTS 씀

8월

주의 얼굴을
주의 종에게 비추시고
주의 사랑하심으로 나를 구원하소서

시편 31편 16절

그리스도께서 너희를
사랑하신 것같이
너희도 사랑 가운데서 행하라—
그는 우리를 위하여
자신을 버리사—
향기로운 제물과 희생제물로
하나님께 드리셨느니라—

에베소서 5장 2절
바사야 이

여호와의이름은
견고한망대라.
의인은그리로달려가서
안전함을얻느니라.

잠언18장10절

그러므로 내사랑하는
형제들아 견실하며
흔들리지말고 항상 주의일에
더욱 힘쓰는 자들이되라
이는 너희 수고가 주안에서
헛되지 않은 줄 앎이라.

고린도전서 15장 58절
ㅂㅜㅈㅇㅓㅇ

그가 나를 푸른 풀밭에 누이시며
쉴 만한 물 가로 인도하시는도다

시편 23편 2절

여호와여 주의 이름을
아는 자는
주를 의지하오리니
이는 주를 찾는 자들을
버리지 아니하심이니이다.

시편 9편 10절

여호와는 위대하시니
크게 찬양할 것이라
그의 위대하심을 측량하지 못하리로다

시편145편3절
ㅂㅜㅅㅇㅊㆍ

만군의 여호와가
이같이 말하노라
보라 내가 내 백성을
해가 뜨는 땅과
해가 지는 땅에서부터
구원하여 내고

스가랴 8장 7절
ㅂㅈㅅ아ㅇ

내가 이르기를 내 허물을
여호와께 자복하리라 하고
주께 내 죄를 아뢰고
내 죄악을 숨기지 아니하였더니
곧 주께서 내 죄악을 사하셨나이다—

시편 32편 5절

구원은 여호와께 있사오니
주의 복을 주의 백성에게 내리소서

시편 3편 8절
시편8장

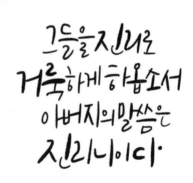

그들을 진리로
거룩하게 하옵소서
아버지의 말씀은
진리니이다.

요한복음 17장 17절

아는 그리스도 예수 안에 있는
생명의 성령의 법이
죄와 사망의 법에서
너를 해방하였음이라

롬마서 8장 2절
ㅂㅜㅅㅇㅑ

그러므로 너희가 더욱 힘써
너희 믿음에 덕을 덕에 지식을
지식에 절제를 절제에 인내를
인내에 경건을 경건에 형제우애를
형제우애에 사랑을 더하라.

베드로후서 1장 5-7절

여호와의
인자하심과
인생에게 행하신
기적으로 말미암아
그를 찬송할지로다.

시편107편8절

23

MAY

그리스도를
경외함으로
피차 복종하라

에베소서 5장 21절

여호와를 경외하며
그의 길을 걷는 자마다
복이 있도다—

시편128편1절

다시는 네 해가 지지 아니하며
네 달이 물러가지 아니할 것은
여호와가 네 영원한 빛이 되고
네 슬픔의 날이 끝날 것임이라-

이사야 60장 20절
박진아

나의 힘이신 여호와여
내가 주을 사랑하나이다—

시편18편1절
ㅂㅌㅅ아ㅇ

그들이 부르기전에
내가 응답하겟고
그들이 말을 마치기전에
내가 들을것이며

이사야 65장 24절
비전스야

대저 여호와는
네가 의지할 이시니라
네 발을 지켜 걸리지
아니하게 하시리라
네 손이 선을 베풀 힘이 있거든
마땅히 받을 자에게 베풀기를
아끼지 말며

잠언 3장 26. 27절

이르시되 우리가 다른
가까운 마을들로 가자
거기서도 전도하리니
내가 이를 위하여 왔노라 하시고

마가복음 1장 38절
버스 안에.

무엇보다도 뜨겁게
서로 사랑할지니
사랑은
허다한죄를덮느니라.

베드로전서4장8절
ㅂㅜㅅㅇㅏㆍㅇ

여호와여 아침에 주께서
나의 소리를 들으시리니
아침에 내가 주께 기도하고 바라리이다-

시편 5편 3절
비사야

나의 하나님이
그리스도 예수안에서
영광가운데
그 풍성한대로
너희 모든 쓸것을
채우시리라.

빌립보서 4장 19절

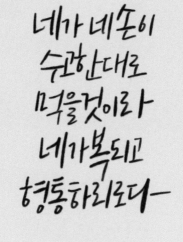

네가 네 손이
수고한 대로
먹을 것이라
네가 복되고
형통하리로다—

시편 128편 2절

너의 하나님 여호와가
너의 가운데 계시니
그는 구원을 베푸실 전능자이시라
그가 너로 말미암아
기쁨을 이기지 못하시며
너를 잠잠히 사랑하시며
너로 말미암아 즐거이 부르며
기뻐하시리라 하리라

스바냐 3장 17절
BTS 아민

그가 사모하는 영혼에게
만족을 주시며
주린 영혼에게
좋은 것으로 채워 주심이로다—

시편 107편 9절
ㅂㄷㅅ아.♡

또한 너는
청년의 정욕을 피하고
주를 깨끗한 마음으로
부르는 자들과 함께
의와 믿음과 사랑과 화평을 따르라.

디모데후서 2장 22절
ㅂㅈㅇ..

하나님의 말씀은
다 순전하며
하나님은 그를 의지하는 자의
방패시니라.

잠언 30장 5절
바스.....

여호와는 긍휼이 많으시고
은혜로우시며
노하기를 더디하시고
인자하심이 풍부하시도다—

시편103편8절
ㅂㅈㅅㅏ..

너희는 너희가
하나님의 성전인 것과
하나님의 성령이
너희 안에 계시는 것을 알지
못하느냐

고린도전서 3장 16절
ㅂㄷㅅ.ㅓ.ㅇ

볼지어다
내가 내 아버지께서
약속하신 것을
너희에게 보내리니
너희는 위로부터
능력으로 입혀질 때까지
이 성에 머물라 하시니라

누가복음 24장 49절
ㅂㅜㅅㅇㅏㅇ

그런즉
믿음 소망 사랑
이 세 가지는 항상
있을 것인데
그 중의 제일은 사랑이라~

고린도전서 13장 13절

만군의여호와께서우리와함께하시니
야곱의하나님은우리의피난처시로다

시편46편11절
바로사용

형제를 사랑하여
서로 우애하고 존경하기를
서로 먼저하며
부지런하여 게으르지말고
열심을 품고 주를 섬기라—

로마서12장10-11절
ᄇᆞᆺ ᄉ·ᆞ·ᆞ

너희는 떨며 범죄하지 말지어다
자리에 누워 심중에
말하고 잠잠할지어다

시편 4편 4절

기쁨으로
여호와를섬기며
노래하면서
그의앞에
나아갈지어다.

시편100편2절
ㅂㅜㅅㅇㅑㅇ

믿음의주요 온온전하게
하시는이인 예수를바라보자.
그는 그앞에있는기쁨을위하여
십자가를참으사
부끄러움을개의치 아니하시더니
하나님보좌우편에
앉으셨느니라.

히브리서12장2절

나는 인애를 원하고
제사를 원하지 아니하며
번제보다 하나님을 아는 것을
원하노라.

호세아 6장 6절
ㅂㅅㅇㅓ

지금 내가 여러분을 주와 빛 그은혜의 말씀에
부탁하오니 그 말씀이 여러분을 능히 든든히 세우사
거룩하게 하심을 입은 모든 자 가운데 기업이 있게 하시리라

사도행전 20장 32절

너희도 성령 안에서
하나님이 거하실
처소가 되기 위하여
그리스도 예수
안에서 함께 지어져
가느니라—

에베소서 2장 22절
박스야.

내가 그들에게
영생을 주노니
영원히 멸망하지 아니할 것이요
또 그들을 내 손에서
빼앗을 자가 없느니라.

요한복음 10장 28절
BTS·호

여호와를 경외하는
자에게는
견고한 의뢰가 있나니
그 자녀들에게
피난처가 있으리라.

잠언 14장 26절

예수께서 나아와 말씀하여 이르시되
하늘과 땅의 모든 권세를 내게 주셨으니 그러므로
너희는 가서 모든 민족을 제자로 삼아
아버지와 아들과 성령의 이름으로 세례를 베풀고
내가 너희에게 분부한 모든 것을 가르쳐 지키게 하라—
볼지어다 내가 세상 끝날까지 너희와 항상 함께
있으리라 하시니라—

마태복음 28장 18-20절
BTS 아.요

자녀들아
모든일에부모에게
순종하라.
아는주안에서
기쁘게하는
것이니라.

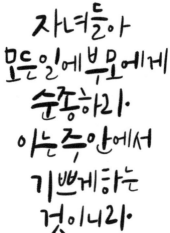

골로새서3장20절
ㅂㅜㅅㅇㅏ∙∙

23
AUGUST

너희는 여호와를
만날만한 때에 찾으라
가까이 계실 때에
그를 부르라.

이사야 55장 6절
ㅂㅜㅅ ㅇㅏㅇ

생명과은혜를
내게주시고
나를보살피심으로
내영을
지키셨나이다.

욥기10장12절
ㅂㅜㅅㅇㅏ..

이스라큰은총을받은사람이여
두려워하지말라평안하라
강건하라강건하라그가이같이내게말하매
내가곧힘이나서이르되
내주께서나를강건하게하셨사오니말씀하옵소서

다니엘10장19절
ㅂ٦ㅅㅇ┼ㆍㅇ

보라 자식들은 여호와의 기업이요
태의 열매는 그의 상급이로다.

시편 127편 3절

하나님을 가까이하라

그리하면 너희를 가까이하시리라

죄인들아 손을 깨끗이하라

두 마음을 품은 자들아

마음을 성결하게 하라

야고보서 4장 8절

너희 자녀들아 와서 내 말을 들으라—
내가 여호와를 경외하는 법을 가르치리로다—

시편34편11절

그런즉
누구든지 세상과
벗이 되고자 하는 자는
스스로
하나님과 원수 되는
것이니라—

야고보서 4장 4절

내아들아
나의법을잊어버리지말고
네마음으로
나의명령을지키라.

잠언3장1절
비스아이오

성령의영으로는
죽은자들가운데서 부활하사
능력으로하나님의아들로
선포되셨으니
곧우리주예수그리스도시니라

로마서1장4절
비T사이하

주의에는
자기를 이행하는 자를 위하여
이런 일을 행한 사는
옛부터들은 자도 없고
귀로 들은 자도 없고
눈으로 볼자도 없었나이다—

이사야64장4절
ㅂㅅ야·

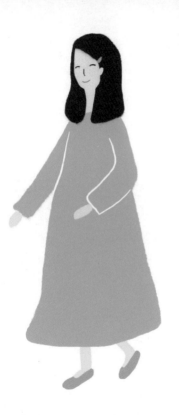

내가 여호와께
아뢰되
주는 나의 주님이시오니
주밖에는
나의 복이 없다
하였나이다—

♥

시편 16편 2절
바ㅈㅅ아ㅎ

나는 오직 주의 사랑을
의지하였사오니
나의 마음은 주의 구원을
기뻐하리이다.

시편13편5절

이것들을
증언하신 이가
이르시되
내가 진실로 속히 오리라
하시거늘
아멘 주 예수여 오시옵소서

요한계시록 22장 20절

스스로속이지말라—
하나님은업신여김을
받지아니하시나니
사람이무엇으로심든지
그대로거두리라—

갈라디아서6장7절
(サス.ㅠ.。)

사람이무엇이기에주께서
그를생각하시며
인자가무엇이기에주께서
그를돌보시나이까.

히브리서2장6절
ㅂㄷ시・초・

인자와 진리가 네게서 떠나지 말게 하고
그것을 네 목에 매며 네 마음판에 새기라
그리하면 네가 하나님과 사람 앞에서
은총과 귀중히 여김을 받으리라—

잠언 3장 3.4절

십자가의 도가
멸망하는 자들에게는
미련한 것이요
구원을 받는 우리에게는
하나님의 능력이라.

고린도전서 1장 18절

9월

또 여호와를 기뻐하라
그가 네 마음의 소원을
네게 이루어 주시리로다

시편 37편 4절

즐거워하는
자들과
함께즐거워하고
우는자들과
함께울라—

로마서 12장 15절
BTS 야!

만일 우리가
우리 죄를 자백하면
그는 미쁘시고 의로우사
우리 죄를 사하시며
우리를 모든 불의에서
깨끗하게 하실 것이요

요한일서 장9절

28

JUNE

너는 하나님과 화목하고 평안하라
그리하면 복이 네게 임하리라 —

욥기 22장 21절

이에 예수께서
제자들에게 이르시되
누구든지 나를 따라오려거든
자기를 부인하고
자기 십자가를 지고
나를 따를 것이니라 —

마태복음 16장 24절

여호와와같이
거룩한이가없으시니
이는주밖에다른이가없고
우리하나님같은
반석도없으심이니이다.

사무엘상2장2절

내이름으로 일컫는 내 백성이
그들의 악한 길에서 떠나—
스스로 낮추고 기도하여 내 얼굴을 찾으면
내가 하늘에서 듣고 그들의 죄를 사하고
그들의 땅을 고칠지라—

역대하 7장 14절

구하라 그리하면 너희에게 주실 것이요
찾으라 그리하면 찾아낼 것이요
문을 두드리라 그리하면 너희에게 열릴 것이니

마태복음 7장 7절
받으앙

7월

그의 안에서 건물마다 서로 연결하여
주 안에서 성전이 되어가고
너희도 성령 안에서 하나님이 거하실
처소가 되기 위하여
그리스도 예수 안에서 함께 지어져 가느니라

에베소서 2장 21.22절

나는 나 여호와 너의 하나님이
네 오른손을 붙들고 네게 이르기를
두려워하지말라.
내가 너를 도우리라 할 것임이니라.

Say to you, Do not fear: I will help you

이사야 41장 13절
박소영

두려워하지말라—
내가 너와 함께함이라—
놀라지말라—
나는 네 하나님이 됨이라—
내가 너를 굳세게하리라—
참으로 너를 도와주리라—
참으로 나의 의로운 오른손으로
너를 붙들리라—

이사야 41장 10절

27

APRIL

이러므로 여호와여
내가 모든 민족 중에서
주께 감사하며
주의 이름을 찬양하리이다

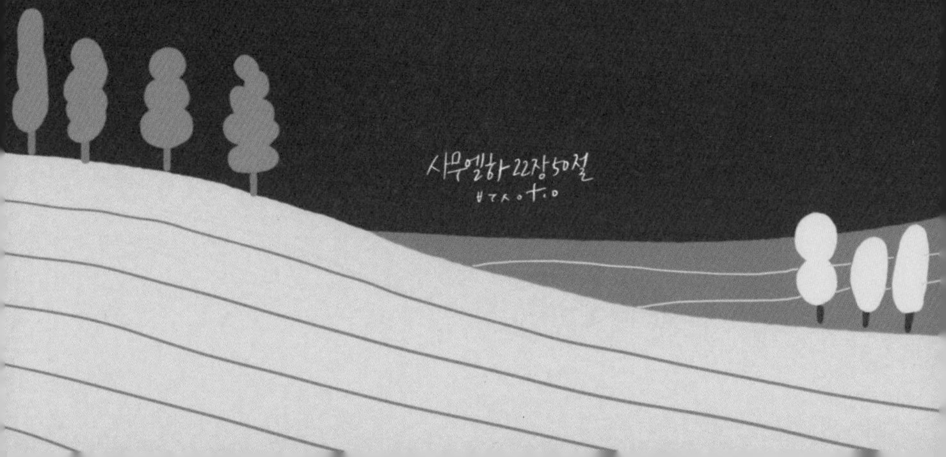

사무엘하 22장 50절

우리가그를힘입어살며
기동하여존재하느니라
너희시인중어떤사람들의말과같이
우리가그의소생이라하니

사도행전 17장 28절
ΠΡΑΞΕΙΣ

또한
모든것을 해로여김은
내주그리스도를아는지식이
가장고상하기때문이라~
내가그를위하여
모든것을 잃어버리고
배설물로여김은
그리스도를얻고

빌립보서3장8절
BTS 아.。

4

SEPTEMBER

내가 오늘
네 행복을 위하여
네게 명하는
여호와의 명령과 규례를
지킬 것이 아니냐

신명기 10장 13절

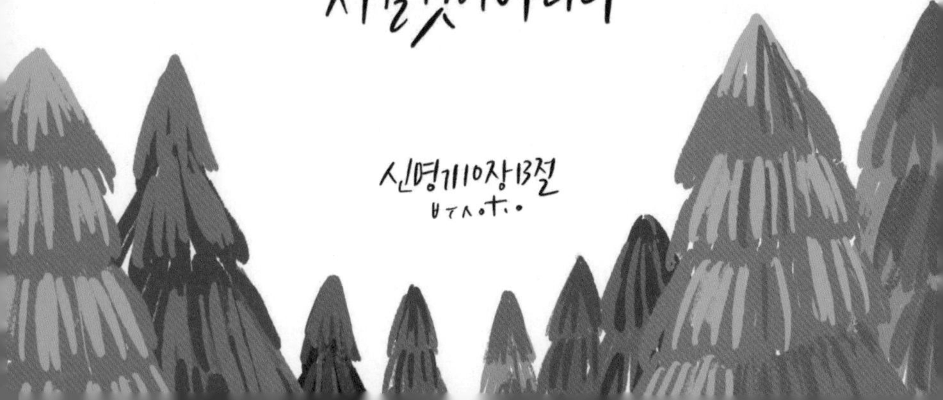

나를믿는자는성경에이름과같이
그배에서생수의강이흘러나오리라하시니
이는그를믿는자들이받을성령을가리켜
말씀하신것이라—

요한복음7장38,39절

소망의 하나님이
모든 기쁨과 평강을
믿음 안에서 너희에게
충만하게 하사
성령의 능력으로
소망이 넘치게 하시기를
원하노라~

로마서 15장 13절

love

그러므로 피차 권면하고
서로 덕을 세우기를
너희가 하는것같이하리—

데살로니가전서5장11절
ㅂㅜㅅ・ㅏ・ㅇ

그날에 너희가
또 말하기를
여호와께 감사하라
그의 이름을 부르며
그의 행하심을 만국중에
선포하며
그의 이름이 높다 하리라.

이사야 12장 4절
바.ㅅ.ㅇ.ㅎ.

23

APRIL

주여 나의 모든 소원이
주 앞에 있사오며
나의 탄식이 주 앞에
감추이지 아니하나이다

시편 38편 9절
버드실

여호와의 눈은 온 땅을 두루 감찰하사
전심으로 자기에게 향하는 자들을 위하여
능력을 베푸시나니 이 일은 왕이
망령되이 행하였은즉 이후부터는 왕에게
전쟁이 있으리이다 하매

역대하 16장 9절

PRAISE HIM

주의 크고 두려운 이름을
찬송할지니
그는 거룩하심이로다.

시편 99편 3절

너희관용을
모든사람에게
알게하라
주께서 가까우시니라—

빌립보서4장5절
BTS 아.

이날은
여호와께서
정하신것이라~
이날에
우리가즐거워하고
기뻐하리로다~

시편118편24절

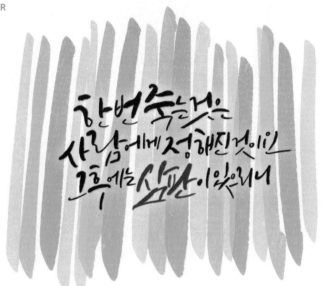

한번 죽는것은
사람에게 정해진것이요
그후에는 심판이 있으리니

히브리서 9장 27절

눈은 몸의 등불이니
그러므로
네눈이 성하면
온몸이 밝을것이오

마태복음6장22절
비.ㅅ·ㅕ.ㅇ

이미있던것이
후에다시있겠고
이미한일을
후에다시할지라
해아래에는새것이없나니

전도서1장9절
BTS아.°

온전한 사람을 살피고
정직한 자를 볼지어다
모든 화평한 자의 미래는
평안이로다

시편37편37절

사람이 감당할 시험밖에는
너희가 당한 것이 없나니
오직 하나님은 미쁘사
너희가 감당하지 못할 시험당함을
허락하지 아니하시고
시험당할 즈음에 또한
피할 길을 내사
너희로 능히 감당하게 하시느니라.

고린도전서 10장 13절

그러나 이제 그리스도께서
죽은 자 가운데서 다시 살아나사·
잠자는 자들의 첫 열매가 되셨도다·

고린도전서 15장 20절
ㅂㅜㅈㅇㅓ·

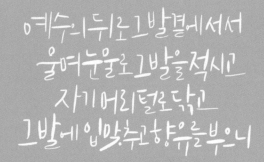

예수의 뒤로 그 발 곁에 서서
울며 눈물로 그 발을 적시고
자기 머리털로 닦고
그 발에 입맞추고 향유를 부으니

누가복음 7장 38절

내가
그리스도와
함께
십자가에
못박혔나니
그런즉 이제는
내가 사는것이 아니요
오직 내안에
그리스도께서
사시는것이라—

갈라디아서 2장 20절
박신애

사람을 두려워하면
올무에 걸리게 되거니와
여호와를 의지하는 자는
안전하리라

잠언 29장 25절

주께서 생명의 길을 내게 보이시리니
주의 앞에는 충만한 기쁨이 있고
주의 오른쪽에는 영원한 즐거움이
있나이다

시편16편11절

내가 여호와께
간구하매
내게 응답하시고
내 모든 두려움에서
나를 건지셨도다—

시편34편4절
ㅂㅈㅅ.ㅇ.ㅇ

제구시쯤에
예수께서 크게 소리질러 이르시되
엘리 엘리 라마 사박다니
하시니 이는곧
나의 하나님 나의 하나님
어찌하여 나를 버리셨나이까
하는 뜻이라—

마태복음 27장 46절

하나님은 우리의
피난처시요 힘이시니
환난중에 만날
큰 도움이시라~

시편46편1절
박지애.

이를위하여너희가부르심을받았으니
그리스도도너희를위하여
고난을받으사
너희에게본을끼쳐그자취를따라오게
하려하셨느니라—

베드로전서 2장 21절
ㅂㄱㅅㅇㅎ

내가 내 목숨을 버리는 것은
그것을 내가 다시 얻기 위함이니
이로 말미암아
아버지께서 나를 사랑하시느니라.

요한복음 10장 17절
박소희.

온 사랑은 이것이니
우리가 그 계명을 따라 행하는 것이며
계명은 이것이니
너희가 처음부터 들은 바와 같이
그 가운데서 행하라 하심이라.

요한이서 1장 6절

내가 복음을 부끄러워하지 아니하노니
이 복음은 모든 믿는 자에게 구원을 주시는
하나님의 능력이 됨이라 먼저는 유대인에게요
그리고 헬라인에게로다—

로마서 1장 16절

12

APRIL

풀은 마르고
꽃은
시드나
우리 하나님의
말씀은
영원히 서리라

이사야40장8절
ㅂㅜㅅ·ㅜ·ㅇ

존귀와 위엄이
그의 앞에 있으며
능력과 즐거움이
그의 처소에 있도다

역대상 16장 27절
버스야.

또 내게 말씀하시되 이루었도다
나는 알파와 오메가요
처음과 마지막이라
내가 생명수 샘물을 목마른 자에게
값없이 주리니

요한계시록 21장 6절

내가 사랑의 줄 곧 사랑의 줄로
그들을 이끌었고
그들에게 대하여 그 목에서 멍에를
벗기는 자 같이 되었으며
그들 앞에 먹을 것을 두었으리—

호세아 11장 4절
ㅂㅜㅅ·ㅋ·

내가 그들에게 한 마음을 주고
그 속에 새 영을 주며
그 몸에서 돌 같은 마음을 제거하고
살처럼 부드러운 마음을 주어

에스겔 11장 19절
ᄇ T ᄉ ᄌ.

이스라엘아 네하나님 여호와께서
네게 요구하시는것이무엇이냐
곧 네하나님여호와를 경외하여
그의모든도를 행하고 그를사랑하며
마음을다하고 뜻을다하여 네하나님여호와를 섬기고

신명기10장12절
박지영

너희 몸은 너희가 하나님께로부터 받은바·
너희 가운데 계신 성령의 전인줄을 알지 못하느냐
너희는 너희 자신의 것이 아니라
값으로 산 것이 되었으니 그런즉 너희 몸으로
하나님께 영광을 돌리라

고린도전서 6장 19.20절
ㅂ ㄱ ㅅ ㅇ ㅊ ㅇ

너희는 내 얼굴을
찾으라 하실 때에
내가 마음으로 주께 말하되
여호와여 내가 주의 얼굴을
찾으리이다 하였나이다

시편27편8절
ㅂㅅㅇㅎㅇ

그의 모든 규례가 내 앞에 있고
내게서 그의 율례를 버리지
아니하였음이로다.

시편18편22절
BTS 朴

내 양은 내 음성을 들으며
나는 그들을 알며
그들은 나를 따르느니라.

요한복음10장27절

내가 여호와인줄 아는 마음을
그들에게 주어서 그들이 전심으로
내게로 돌아오게 하리니
그들은 내 백성이 되겠고
나는 그들의 하나님이 되리라—

예레미야 24장 7절

나는 여호와라
나 외에 다른 이가 없나니
나밖에 신이 없느니라
너는 나를 알지 못하였을지라도
나는 네 띠를 동일 것이요

이사야 45장 5절

6

APRIL

대저 여호와는 우리 재판장이시요
여호와는 우리에게 율법을 세우신 이요
여호와는 우리의 왕이시니
그가 우리를 구원하실 것임이라

이사야 33장 22절

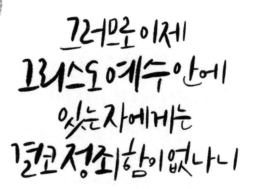

그러므로 이제
그리스도 예수 안에
있는 자에게는
결코 정죄함이 없나니

로마서8장1절
빛스아토

5

APRIL

나는 포도나무요 너희는 가지라
그가 내 안에 내가 그 안에 거하면
사람이 열매를 많이 맺나니
나를 떠나서는 너희가
아무것도 할 수 없음이라

요한복음 15장 5절

여호와께 감사하라─
그는 선하시며 그의 인자하심이
영원함이로다─

시편118편1절

4
APRIL

우리가 그에게서 듣고
너희에게 전하는 소식은
이것이니
곧 하나님은 빛이시라.
그에게는 어둠이
조금도 없으시다는 것이니라.

요한일서 1장 5절
ㅂㄷㅅㅇㅎ

내가 평안히 눕고
자기도하리니
나를 안전히 살게하시는이는
오직 여호와이시니이다

시편 4편 8절
시편 4:8

육신에 있는
자들은
하나님을
기쁘시게 할 수 없느니라

로마서 8장 8절

이후로는 누구든지
나를 괴롭게하지말라
내가 내몸에 예수의흔적을
지니고 있노라

갈라디아서6장17절
ㅂ ㅜ ㅅ ㅇ ㅏ ㆍ ㅇ

2
APRIL

너는 그들을 두려워하지 말라—
너희의 하나님 여호와
곧 크고 두려운 하나님이
너희 중에 계심이니라—

신명기 7장 21절
빌스야요

너희가 내 안에 거하고
내 말이 너희 안에 거하면
무엇이든지 원하는 대로
구하라 그리하면 이루리라—

요한복음 15장 7절
붓소망:♡

나로 하여금
주의 계명들의 길로
행하게 하소서
내가 이를
즐거워함이니이다

시편 119편35절
ㅂ ㅜ ㅅ ㅇ ㅏ ㅇ

그러므로
우리가 낙심하지 아니하노니
우리의 겉사람은 낡아지나—
우리의 속사람은 날로 새로워지도다—

고린도후서4장16절
ㅂㅅ야.ㅇ

4월

모든것이 하나님께로서 났으며
그가 그리스도로 말미암아
우리를 자기와 화목하게 하시고
또 우리에게 화목하게 하는 직분을 주셨으니

고린도후서 5장 18절
by 소야.

그러므로
내일 일을 위하여
염려하지 말라
내일 일은 내일이
염려할 것이요
한 날의 괴로움은 그 날로
족하니라

마태복음 6장 34절

10월

마음의 즐거움은
양약이라도
심령의 근심은
뼈를 마르게 하느니라

잠언17장22절

지금은 너희가
근심하나
내가 다시 너희를
보리니
너희 마음이
기쁠 것이요
너희 기쁨을
빼앗을 자가
없으리라-

요한복음 16장 22절

네가 어떤 성읍으로
나아가서 치려할 때에는
그 성읍에 먼저
화평을 선언하라.

신명기20장10절
ㅂㅅ·ㅎ·

너희가 사람의 잘못을
용서하면
너희 하늘아버지께서도
너희 잘못을 용서하시려니와

마태복음 6장 14절

내영혼이
내속에서 피곤할때에
내가 여호와를
생각하였더니
내기도가 주께
이르렀사오며
주의 성전에
미쳤나이다—

요나 장 7절
ㅂㅈㅅㅇ..

이와같이 그리스도도
많은 사람의 죄를 담당하시려고
단번에 드리신 바 되셨고
구원에 이르게 하기 위하여
죄와 상관없이 자기를 바라는 자들에게
두번째 나타나시리라—

히브리서 9장 28절

이르시되 내가 은혜 베풀 때에
너에게 듣고 구원의 날에 너를 도왔다 하셨으니
보라 지금은 은혜 받을 만한 때요
보라 지금은 구원의 날이로다.

고린도후서6장2절
바스아~

내가 주를 의뢰하고
적군을 향해 달리며
내 하나님을 의지하고
담을 뛰어넘나이다

시편 18편 29절
블ㅅ야ㅇ

여호와 앞에 잠잠하고
참고 기다리라-
자기 길이 형통하며
악한 꾀를 이루는 자 때문에
불평하지 말지어다.

시편 37편 7절
ㅂㅈㅅㅎ

5
OCTOBER

사람에게 보이려고
그들 앞에서 너희 의를 행하지
않도록 주의하라.
그리하지 아니하면
하늘에 계신 너희 아버지께
상을 받지 못하느니라.

마태복음 6장 1절
ㅂㅅㅇㅏ.ㅇ

내게 무슨 악한
행위가 있나 보시고
나를 영원한 길로
인도하소서

시편 139편 24절
ㅂㅜㅅㅇㅏ.ㅇ

내가 이것을
너희에게 이름은
내 기쁨이
너희 안에 있어
너희 기쁨을 충만하게
하려 함이라—

요한복음 15장 11절

이른시기를
너희는 가만히있어
내가 하나님 됨을 알지어다.
내가 뭇나라 중에서
높임을 받으리라-
내가 세계 중에서 높임을 받으리라.

시편46편10절

나곧 내영혼은
여호와를 기다리며
나는 주의 말씀을
바라는도다。

시편130편5절
빗소야。

어느 때나 하나님을 본 사람이 없으되
만일 우리가 서로 사랑하면
하나님이 우리 안에 거하시고
그의 사랑이 우리 안에
온전히 이루어지느니라

요한일서 4장 12절
아멘.

하나님이여 주는 나의 하나님이시라—
내가 간절히 주를 찾되 물이 없어 마르고
황폐한 땅에서 내 영혼이 주를 갈망하며
내 육체가 주를 앙모하나이다—

시편 63편 1절
바꾸스아이

정의를 지키는 자들과
항상 공의를 행하는 자는
복이 있도다

시편 106편 3절
BTS 아이

God will make a way
॥

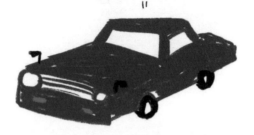

여호와을 의지하고 선을행하라.
따에 머무는동안 그의 성실을
먹을거리로 삼을지어다.

시편37편3절

내가 날이 밝기 전에 부르짖으며
주의 말씀을 바랐사오며
주의 말씀을 조용히 읊조리려고
내가 새벽녘에 눈을 떴나이다.

시편119편147, 148절
비스야

God is good

양윤선(붓양)

어노인팅 캘리그라피 이벤트에서 우수상을 수상했고, CCM 좋은 씨앗 〈선물〉, 홀리원 〈사랑, 그럴 수 없을 때〉, 조찬미 〈그들이 방주 안에 있을 때〉의 타이틀 캘리그라피 작업을 했으며, 기업과 대학에서 코칭과 캘리그라피 강의를 했고, 현재는 개인 강의를 하고 있다.

neighborstory_sun